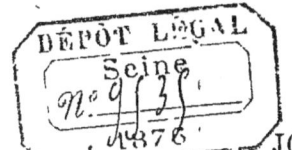

JOURNAL *Le Temps*

THEATRE DE CAMPAGNE

LA FLEUR DE TLEMCEN

Comédie en un Acte.

DE M. E. LEGOUVÉ

PERSONNAGES :

La marquise de MONTRICHARD.
JULIE, sa fille.
Miss JACKSON, institutrice de Julie.
Le colonel de SAQUEVILLE.
M. SÉVIN.

(La scène se passe dans une maison de campagne aux environs de Paris, chez la marquise de Montrichard.)

SCÈNE PREMIÈRE

Le théâtre représente un salon élégant dans une maison de campagne.

La marquise, seule. Toilette de femme de quarante ans

LA MARQUISE.

Le colonel de Saqueville revient !... Il revient aujourd'hui ! Je vais le revoir !... Lorsque, il y a dix ans, il partit pour l'Afrique, désespéré et me maudissant, il ne se doutait guère que ce cœur était plus déchiré que le sien. Mais je n'étais pas libre ; mon mari, le marquis de Montrichard, vivait encore... J'eus la force de cacher à M. de Saqueville jusqu'à mes regrets !... Mais aujourd'hui... aujourd'hui qu'il va me retrouver veuve... oh ! aujourd'hui... (*avec inquiétude et regret*) c'est dix ans plus tard ! Alors nous étions du même âge. Maintenant... il est encore jeune ; je ne le suis plus. L'âge des romans est passé pour moi ; surtout en ce moment, quand je vais marier ma fille à son neveu. Allons ! ne pensons plus qu'à être grand' mère ! Etouffons sous ce bonnet ce qui reste de jeunesse sur mon visage !... Précipitons-nous dans les œuvres de bienfaisance et dans les livres utiles ! Quand une femme de quarante ans devient charitable... soyez sûr que cette charité-là, c'est encore de l'amour ! (*Apercevant M. Sevin, Julie et miss Jackson qui entrent.*) Ma fille ! M. Sévin !

SCÈNE DEUXIÈME
La même, Julie, miss Jackson, M. Sevin.

M. SÉVIN

Madame la marquise, voici les derniers statuts de l'œuvre.

LA MARQUISE

Eh bien, en place, monsieur Sévin, j'écoute. (*Tout le monde s'assied. La marquise et M. Sévin à gauche; Julie et miss Jackson à droite, travaillant.*)

M. SÉVIN, lisant.

« Art. 71. Toute pensionnaire de l'asile de Notre-Dame de Repentance qui manquerait deux fois à la prière du matin ou à celle du soir, qui troublerait l'ordre par des chants profanes, ou qui désobéirait à Mme la supérieure ou aux dames protectrices, qui écrirait des lettres ou en recevrait de son séducteur... »

LA MARQUISE, bas.

Passez, monsieur Sévin !

M. SÉVIN, bredouillant.

Brr... br... « Ou, qui introduirait un roman dans la maison, sera chassée sur le champ, et déclarée indigne à jamais des bienfaits de l'association de Notre-Dame de Repentance... »

LA MARQUISE

Bien ! La dernière clause surtout ; Julie, que dis-tu de cet article ?

JULIE

Que voulez-vous, mère ?... Je serais chassée !

LA MARQUISE

Fi donc ! Julie !

M. SÉVIN

Comment, mademoiselle ! qu'est-ce que j'entends ?

MISS JACKSON, avec l'accent anglais.

Oh ! miss Julia !

JULIE

Je voudrais bien savoir quel si grand mal on trouve à lire des romans. Je n'ai jamais compris pourquoi.

LA MARQUISE

Julie, ma fille ; il ne faut jamais parler de ce qu'on ne connaît pas.

JULIE

D'accord ; mais je puis bien parler de romans, puisque j'en ai lu... Et j'en lirai encore...

MISS JACKSON

Oh ! oui, des romans anglais, ce qui est bien différent.

JULIE

Anglais ou français... J'ai lu, par exemple...

LA MARQUISE, l'arrêtant.

Julie ! Monsieur Sévin, vous la connaissez trop pour croire un mot de ce qu'elle va dire.

M. SÉVIN

Je suis bien sûr que Mlle Julie...

JULIE

Monsieur Sévin! Monsieur Sévin! si vous dites un mot de plus, à la place de ce grimoire arabe que je copie sur ma tapisserie, je vais broder en bon français : J'ai lu des romans, et je signe Julie de Montrichard.

LA MARQUISE

Monsieur Sévin, ramassez mes ciseaux, s'il vous plaît. (*Bas.*) Ne la poussez pas, je vous en supplie.

M. SÉVIN

Cela ferait une tapisserie un peu romantique. (*Recommençant à lire.*) Je passe les derniers articles; c'est l'uniforme, le trousseau; vous avez réglé cela à merveille! Robe grise, voile blanc, tablier de toile écrue...

JULIE

Oh! de la toile écrue, fi donc! Je demande des tabliers de levantine avec les poches garnies de rubans bleus.

LA MARQUISE

Non, la toile écrue est bien. Cela est humble, cela est convenable pour ces pauvres créatures.

JULIE

Elles auront l'air de Cendrillons. Donnez-leur alors des pantoufles vertes.

M. SÉVIN, lisant.

« Lecture faite des articles de la constitution, » car, madame, c'est une vraie constitution, c'est une charte que vous octroyez à l'asile de Notre-Dame de Repentance, « les pensionnaires seront introduites et défileront devant Monseigneur et les dames bienfaitrices. »

JULIE

Sur quel air? Je propose la marche de la *Semiramide*, tra la la la. (*Elle chante.*)

M. SÉVIN

En vérité, Mlle Julie a là une heureuse idée : un peu de musique ne gâterait rien! (*A la marquise.*) Si on chantait votre bel hymne · *Reine des cieux, ton trône de nuages.*

JULIE, allant à la marquise.

Mère, savez-vous ce qu'il faudrait pour finale? Une polka échevelée; monsieur Sévin, je voudrais vous voir polker!

LA MARQUISE

Julie!

MISS JACKSON

Oh! miss Julia!

LA MARQUISE

Je ne conçois pas que ma fille se serve de pareils termes. (*A Julie.*) C'est sans doute pour vous entendre appeler folle par tout le monde.

JULIE

Le grand malheur de passer pour folle! Ce n'est qu'à ce prix-là qu'on a la liberté de faire tout ce qu'on veut.

MISS JACKSON

Oh! miss Julia!

LA MARQUISE, sérieuse.

Julie! vous me faites beaucoup de peine!

M. SÉVIN

Non, mademoiselle, on ne dira jamais : la folle Mlle Julie!... vous aurez beau faire, on dira toujours : l'aimable, l'espiègle Mlle Julie!

JULIE

Vite! un notaire et des témoins! M. Sévin vient de me faire un compliment.

M. SÉVIN

Qu'y a-t-il là de si extraordinaire?

LA MARQUISE

Vous avez bien de la patience, monsieur Sévin. Mais, à propos, avez-vous quelque nouvelle de la candidature de mon futur gendre? Ce pauvre Louis de Saqueville tient tellement à la députation!...

JULIE

Ce pauvre Louis de Saqueville! Vous le plaignez parce qu'il est mon fiancé. Vous n'avez peut-être pas tort!

LA MARQUISE

Du reste, nous le saurons de lui-même, car je l'attends aujourd'hui avec son oncle le colonel, qui revient d'Afrique.

M. SÉVIN, riant.

Ah! oui, Don Quichotte, comme on l'avait surnommé.

JULIE, à sa mère.

Pourquoi Don Quichotte, mère?

LA MARQUISE

Pour dix traits de courage héroïques, chevaleresques. Un jour, il sauva son régiment en défendant seul contre une nuée d'Arabes une entrée de ravin.

M. SÉVIN, avec emphase.

Comme Horatius Coclès!

JULIE

Ah! bon Dieu! Est-ce qu'il n'a plus qu'un œil?...

LA MARQUISE, un peu sévèrement.

Non! il en a été quitte pour six blessures.

JULIE

Six blessures!...

LA MARQUISE

Un autre jour, dans une retraite, le fils de la cantinière, un enfant de douze ans, aspirant trompette, tombe frappé d'une balle en s'écriant : « Ah! maman! » Le colonel l'entend, court à lui, le relève sous une pluie de balles, le met sur son cheval et le ramène à sa bonne femme de mère!

JULIE

Et l'enfant a vécu?

LA MARQUISE

Oui! mais le colonel a failli mourir, lui...

JULIE, vivement.

Il avait été blessé?

M. SÉVIN

A telles enseignes que, quand ses soldats lui ôtèrent son uniforme, ils trouvèrent sur sa poitrine un médaillon avec des cheveux!...

LA MARQUISE

C'était sans doute des cheveux de sa mère!...

JULIE

Oh! je suis bien sûre que non!

LA MARQUISE

Julie!

MISS JACKSON

Oh! miss Julia!

JULIE

Tiens! voilà le coupé de M. Louis. Qu'est-ce donc que ce monsieur qui est à côté de lui?

LA MARQUISE, avec émotion.

C'est sans doute son oncle qu'il nous amène!

M. SÉVIN

M. Louis reste à causer avec le fermier...

JULIE

Un électeur... nous ne sommes pas près de le revoir.

M. SÉVIN, regardant au dehors,

Voici le colonel!

LA MARQUISE, très troublée.

Déjà! (*A part*) Oh! je n'ai pas le courage de le revoir encore! (*A sa fille*) Julie!... Miss Jackson! veuillez recevoir le colonel à ma place... Voici l'heure de la poste, et j'ai vingt billets à écrire pour notre comité. (*Elle sort avec M. Sévin.*)

MISS JACKSON

Sit down, miss Julia!

SCÈNE TROISIÈME

Julie, miss Jackson, le Colonel.

LE COLONEL, à la cantonade.

C'est bien dans ce salon, n'est-ce pas? Mille grâces, n'allez pas plus loin (*A part, entrant en scène.*) Le cœur me bat. (*Parcourant la chambre du regard.*) Elle n'y est pas. (*S'approchant de Julie et de miss Jackson.*) Pardon, mesdames, on m'avait dit que Mme la marquise...

JULIE, tout en travaillant.

Madame la marquise était ici il y a cinq minutes; mais elle s'est enfuie en vous entendant annoncer, colonel.

LE COLONEL

Enfuie!

JULIE

Rassurez-vous. Pour mettre sans doute une autre coiffure en votre honneur...

LE COLONEL

Vous croyez...

JULIE

Je l'espère! car, imaginez-vous qu'elle a la manie d'enfouir ses beaux cheveux sous le plus affreux bonnet!

LE COLONEL

Comment! elle met des bonnets?

JULIE

Je compte sur vous pour changer tout cela, colonel!

LE COLONEL, la regardant.

Moi! Mais ne me trompé-je pas? Ce regard... cette voix...

JULIE

M. le colonel de Saqueville ne me reconnaissait pas?

LE COLONEL

Julie! mademoiselle Julie!... (*avec émotion.*) En vous entendant, en vous regardant... ces dix mortelles années ont disparu tout à coup... il semble que me voilà revenu à ce moment...

JULIE

Où vous m'emportiez dans vos bras à l'Opéra...

MISS JACKSON

Oh! miss Julia!... For shame!

JULIE

Calmez-vous, ma chère ; j'avais huit ans... (*Présentant miss Jackson au colonel.*) Miss Jackson... mon institutrice... mon ange gardien... un ange bien occupé, allez!

LE COLONEL, la regardant avec affection.

Comment! voilà cette belle jeune fille qui va être ma nièce!... car il n'y a pas à dire... j'aurai le droit de vous dire ma nièce... et même de vous embrasser... n'en déplaise à monsieur mon neveu...

JULIE

Oh! votre neveu! savez-vous ce qu'il a de mieux... votre neveu?... c'est son oncle!

LE COLONEL

Allons! ne me gâtez pas!

JULIE

Vous m'avez tant gâtée, vous, quand j'étais enfant! Vous faisiez peur à tout le monde avec vos longues moustaches... Moi...

LE COLONEL, riant.

Vous, vous me les tiriez!...

JULIE

C'est pourtant vrai!... C'est que vous arriviez toujours les poches pleines de dragées... de poupées... et comme j'étais déjà gourmande et coquette... Demandez à miss Jackson qui m'a formée.

MISS JACKSON

Oh! miss Julia!

JULIE

Vous rappelez-vous que c'est par votre intervention que je suis allée à l'Opéra... avant l'âge... légal?

LE COLONEL, riant.

Oui! et que vous vous êtes endormie avant la fin... et que je vous ai portée dans la voiture!

JULIE

Voyez comme j'étais précoce! Eh bien, je m'endors encore à l'Opéra; mais je n'ai plus de porteur patenté.

LE COLONEL

Et mon neveu?

JULIE

Colonel... regardez donc cette tapisserie... et admirez... N'est-ce pas que j'ai acquis bien du talent?

LE COLONEL, regardant la tapisserie.

Un verset du Coran... Mais qui vous a envoyé ce dessin?

JULIE

C'est ma mère qui l'a fait venir d'Alger.

LE COLONEL, avec émotion.

Vraiment?

JULIE

Imaginez-vous que depuis... depuis deux ans... depuis la mort de mon pauvre père... tout ici est à la mode arabe?

LE COLONEL, ému.

En vérité!

JULIE

Dessins arabes! Étoffes arabes! Vues arabes! Je ne sais pas si c'est en votre honneur... mais nous vivons ici comme les filles du désert... n'est-ce pas, miss Jackson?

MISS JACKSON

Oh! miss Julia!

JULIE

Ne faites pas : Oh! miss Julia! Ce n'est pas shoking!... (*Au colonel.*) Voyons, colonel, puisque ma mère n'arrive pas encore, permettez-moi d'hériter d'elle, et asseyez-vous ici! (*S'interrompant.*) Savez-vous une chose bizarre?

LE COLONEL

Laquelle?

JULIE

Vous me paraissiez bien plus vieux il y a dix ans qu'aujourd'hui.

LE COLONEL

Vraiment?

MISS JACKSON

C'est tout simple, ma chère! c'est que vous avez dix ans de plous.

JULIE, éclatant de rire.

Ha! ha! ha! Et lui... miss Jackson... Est-ce qu'il n'a pas aussi dix ans de *plous*.

MISS JACKSON

C'est juste !

JULIE, riant.

Je le crois ! (*Sérieusement*) Eh bien, c'est pourtant vrai. Il y a dix ans, vous me faisiez l'effet d'un ancêtre... de quelque chose comme d'un bon Dieu !

LE COLONEL

Et aujourd'hui, de quelque chose comme d'un bon diable !

JULIE, riant.

C'est cela, d'un bon diable qui fait des conquêtes, des razzias !... Colonel, avez-vous jamais été blessé?

LE COLONEL

Quelquefois, comme tout le monde !

JULIE

Et sans doute... dans des circonstances romanesques, touchantes...

LE COLONEL

Hélas ! rien de plus prosaïque et de plus banal. Des coups de sabre anonymes ! Des balles qui se trompent d'adresse... un petit choc dans la poitrine... un petit froid en dedans... puis tout tourne autour de vous ! Voilà !

JULIE, après un silence.

Ah !... colonel !... jusqu'à quel âge entre-t-on dans les trompettes ?

LE COLONEL, riant.

Vous avez passé cet âge là... Ainsi, je n'ai pas besoin de vous répondre. Vous me dites donc que tout est à l'arabe dans cette maison?

JULIE, lui montrant un tableau accroché au mur.

Tenez ! encore une vue d'Alger, que ma mère a achetée l'autre jour.

LE COLONEL

Elle a acheté une vue d'Alger !... (*Regardant et avec émotion.*) Cette petite maison blanche avec cette terrasse... c'est là que j'ai logé en sortant de l'hôpital.

JULIE, vivement.

Oui ! quand vous avez sauvé ce petit trompette...

LE COLONEL

Comment ! vous savez?...

JULIE

Oui...

LE COLONEL

Eh bien, je vous le montrerai quand vous viendrez en Afrique, car je vous enlève avec madame votre mère.

JULIE

Je ne demande pas mieux. Vous nous ferez venir je ne sais combien de tribus, qui nous apporteront des plumes d'autruche, des dattes, et qui nous feront des fantasias... Nous emmènerons M. Sévin.

LE COLONEL

Qu'est-ce que M. Sévin?

JULIE

Le complice de ma mère dans toutes ses œuvres de charité... un homme très pieux... la vertu est sa partie.

LE COLONEL

Ah!

JULIE

Un petit tartufe! il m'est odieux! Nous l'emmènerons pour sermonner les Arabes; votre neveu étudiera la question de la colonisation; vous et moi, nous irons raser un douar... et nous vendrons miss Jackson à Abd-el-Kader.

MISS JACKSON

Oh! miss Julia! My dear! for shame!

JULIE, éclatant de rire.

Ha! ha! ha!

SCÈNE QUATRIÈME
Les mêmes, M. Sévin.

M. SÉVIN

Colonel!...

JULIE, bas au colonel.

Sévin, déjà nommé.

M. SÉVIN

Colonel, Mme la marquise a encore une lettre à terminer... et elle vous supplie de faire un tour de jardin en l'attendant.

LE COLONEL, blessé.

Ah!

JULIE, bas au colonel.

J'avais raison, n'est-ce pas? Odieux!

LE COLONEL

Une lettre fort importante, à ce qu'il paraît... Très bien!

JULIE

Eh bien! colonel, je vous enlève... et je vais vous faire faire une promenade en bateau... dans une grenouillère que nous appelons un canal. Vous allez voir comme je suis bonne marinière!

MISS JACKSON

Miss Julia, Mme la marquise a défendu à vous...

JULIE

Vous savez bien, miss Jackson, que miss Julia se permet tout ce que Mme la marquise défend à elle!... Allons! qui m'aime me suive! (*Chantant.*) O matutini alberi... (*Elle sort en chantant avec le colonel.*)

MISS JACKSON, la suivant tout effarée.

Miss Julia! miss Julia! oh! my dear!... it is complete madness.

SCÈNE CINQUIÈME
M. Sévin, la Marquise.

LA MARQUISE. Elle entre tenant des épreuves à la main.

(*A Sévin.*) Voilà mon épreuve presque corrigée.

M. SÉVIN

J'espère que vous n'avez rien changé au chapitre des veuves...

LA MARQUISE, relisant.

Non! pas à celui-là... mais il y a ici... Laissez-moi un moment, je voudrais achever ce passage. (*Elle se dirige vers la table comme pour écrire.*)

M. SÉVIN

Ne changez pas trop! (*Il sort.*)

SCÈNE SIXIÈME

LA MARQUISE, seule, jetant ses épreuves avec dépit sur la table.

Eh! que me font les livres! les épreuves! J'ai beau relire ces pages, mon œil ne voit pas ce qui est écrit... ici!... (*Mettant la main sur son cœur.*) Il ne voit que ce qui est écrit là! J'ai peur!... Je fuis devant cette entrevue! Je n'ose affronter ce premier regard qui me dira tout... mon âge... mon changement... son amour détruit, mes espérances renversées! Que je suis lâche! Je l'ai prié d'aller m'attendre dans le parc... pourquoi?... pour le voir passer devant ma fenêtre, sans qu'il me vît!... Je l'ai vu! Ces dix années ont aussi pesé sur sa tête et y ont laissé leur trace! Sa démarche est moins impétueuse... sa physionomie est moins ardente... mais... mais j'aurais voulu lui trouver plus de cheveux gris!... A peine quelques fils blancs qui argentent ses tempes! Il est vrai... que moi!... je n'en ai pas du tout!... (*Avec résolution.*) Si j'essayais de me défendre?... J'ai encore ma chevelure de vingt ans... Si je la chargeais de protéger, de parer ce visage... qui, hélas!... lui... je le crains bien, a l'âge de mon extrait de naissance... Eh bien, raison de plus pour appeler à mon aide... l'art... la parure! Allons! c'est résolu!... Et si je suis vaincue... Eh bien! je le serai... mais du moins je n'abandonnerai pas le bonheur sans combattre!

SCÈNE SEPTIÈME

La marquise, Julie, miss Jackson.

MISS JACKSON, tout éperdue dans la coulisse.

Oh! miss Julia! oh! my dear! oh! Mme la marquise! comme elle sera fâchée quand elle saura!...

LA MARQUISE, s'avançant.

Qu'y a-t-il donc?

MISS JACKSON

Oh! la voici! Dieu! Si vous vous étiez noyée!...

JULIE, riant.

Ha! ha! ha!

LA MARQUISE

Noyée! Qu'est-il donc arrivé?...

JULIE

Rien! rien! chère mère!... je ne me suis fait aucun mal!... (*Riant.*) Il n'y a que le colonel qui est trempé!...

LA MARQUISE

Le colonel!

JULIE, riant.

Il avait l'air de Neptune, avec ses moustaches pendantes...

LA MARQUISE, avec impatience.

Mais qu'est-il arrivé enfin, malheureuse enfant?...

JULIE

Oh! c'est bien simple! Voilà, chère mère. Vous m'aviez donné le colonel à distraire... J'ai voulu lui faire faire une promenade en barque.

LA MARQUISE

Mais vous savez bien que je vous ai défendu...

MISS JACKSON

Je l'ai dit, madame la marquise.

JULIE

Oh! je l'atteste! elle a fait son devoir! Mais nous voilà, malgré elle, lancés dans la barque... Vrai! ma mère, c'était un spectacle risible! Sur le bord, miss Jackson, effarée... éplorée... comme une poule qui a couvé un canard et qui le voit se lancer à l'eau! Dans la barque... M. Louis, M. de Saqueville junior... mon futur époux... tremblant de chavirer... et de mouiller ses gants jaunes... Le colonel tremblant aussi...

LA MARQUISE

Lui!

JULIE

Oui... oui... tremblant!... mais pour moi!... Et me disant : Mademoiselle... mademoiselle! ne vous tenez pas debout! — Par exemple! colonel! Eh! où serait la grâce? — Mademoiselle! mademoiselle! s'écrie alors M. de Saqueville junior... vous allez nous faire chavirer! — Ah! que les hommes sont poltrons!... Et je m'amusais à faire vaciller la barque pour le faire plus pâlir encore!

LA MARQUISE

Mais...

JULIE

Attendez donc la fin! ma mère... Tout à coup, je fais un mouvement si vif que la barque penche... Nous allons tomber! Que fait le colonel? Il se jette dans l'eau!

LA MARQUISE

Ciel!

JULIE

La barque, débarrassée de ce poids, se relève... et lui... semblable à un dieu marin... à un triton... oh! c'était charmant!... c'était mythologique! il pousse en nageant... la barque jusqu'à la rive, où nous abordons sains et saufs... et rendant grâce à notre sauveur!

LA MARQUISE

Mais lui!... lui!...

JULIE, riant

Il ruisselait sur la grève comme un fleuve!

LA MARQUISE

Mais qu'est-il devenu? Cela peut le rendre malade!

JULIE

Lui!... oh! ça lui est bien égal! Il ne voulait même pas suivre son neveu et M. Sévin... qui l'a emmené dans son appartement pour se sécher...

LA MARQUISE

Ah! vous me rassurez!

JULIE

Ah! quelle idée! Je voudrais qu'il ne pût pas se sécher!... Nous lui donnerions le costume d'Othello de nos charades de l'année dernière!... ce serait délicieux!

LA MARQUISE

Julie!

JULIE

Et si le curé venait!... on lui dirait que c'est un bédouin! Oh! d'abord, j'ai une fluxion de poitrine, si on ne lui donne pas le costume d'Othello!

LA MARQUISE

En vérité! vous devenez plus folle chaque jour!... au lieu d'envoyer au colonel un costume d'Othello, je vais lui faire porter du vin de Malaga... du rhum... du thé...

JULIE

Soyez tranquille!... chère mère! Il est chez M. Sévin, qui ne se laisse jamais manquer de rien.

LA MARQUISE

Tenez! il y a des jours où l'on croirait que vous n'avez pas de cœur.

JULIE, devenant tout à coup sérieuse.

Moi! chère mère! (*Avec élan*) Mais vous ne savez donc pas combien je vous aime!

LA MARQUISE, tendrement.

Voilà un mot qui me fait du bien. J'ai toujours si peur qu'on ne te juge mal! (*L'embrassant.*) Mon étourdie, je vais pourvoir à ce que tu aurais dû faire!... (*En s'éloignant, à part.*) Et me préparer pour ma grande bataille. (*Elle sort*).

SCÈNE HUITIÈME
Julie, miss Jackson.

Miss Jackson prend son ouvrage et s'assied à gauche.

JULIE, à part.

L'Afrique! le désert! (*Chantant.*) « Mon bien-aimé d'amour s'enivre. » Est-ce comme cela?...

MISS JACKSON

Très bien, miss Julia. Mais pourquoi toujours le désert? Un peu de Bellini, maintenant...

JULIE

J'aime cette voix qui meurt. Cela doit bien faire, la nuit, au bivouac, par un beau clair de lune.

MISS JACKSON, sentimentale.

Oui... mais Bellini!

JULIE

Miss Jackson!

MISS JACKSON

Quoi, miss Julia?

JULIE

Miss Jackson, avez-vous jamais été amoureuse de quelqu'un?

MISS JACKSON

Oh! miss Julia! For shame!...

JULIE

Voyons, dites-le franchement! c'est impossible qu'avec des yeux si bleus vous n'ayez pas fait quelque passion. Avouez-le, vous avez été amoureuse de quelqu'un?

MISS JACKSON

Fi donc! Si madame la marquise vous entendait!

JULIE

Je voudrais savoir à quoi on reconnaît qu'on est amoureuse...

MISS JACKSON

Les symptômes de l'amour, Shakespeare les décrit ainsi : « Le pourpoint mal boutonné... pas de chapeau sur « la tête... les bas qui tombent sur les talons... »

JULIE

Ah! fi donc, miss Jackson! moi, quand je ferme les yeux, je vois de grands chameaux tout chamarrés d'or, des chevaux arabes qui piaffent, des coups de fusil, des ballots de cachemires hauts comme la maison, des tapis à ramages, et cent mille figures basanées qui crient : Vive madame la maréchale! Vive madame la gouvernante!

MISS JACKSON

Oh! comment voyez-vous tant de choses?

JULIE

In the mind's eye, comme dit Hamlet à Horatio, par l'œil de la pensée. N'est-ce pas que ce doit être fort joli?...

MISS JACKSON

Oh! miss Julia, vraiment vous voudriez aller à Alger?

JULIE

Oui, ma belle! Savez-vous tirer les cartes?

MISS JACKSON

Non.

JULIE

Il faut que je voie une somnambule, pour savoir si j'irai à Alger.

MISS JACKSON

Vous irez avec M. Louis de Saqueville, voir son oncle à Alger.

JULIE

Oh! que je n'aimerais pas voyager dix lieues avec M. Louis de Saqueville!

MISS JACKSON

Oh! miss Julia! c'est un si aimable jeune homme!

JULIE

Pour ses électeurs... mais comme sa femme s'ennuiera!...

MISS JACKSON

Non, miss Julia; vous ne vous ennuierez pas!

JULIE, étendant la main

Non, je ne m'ennuierai pas, j'en fais le serment. Miss Jackson, sans bêtises, c'est que je suis amoureuse passionnée, miss Jackson. Si vous vous avisez de faire de grands yeux et d'ouvrir ainsi la bouche comme une boîte aux lettres, je fais des folies, j'envoie une déclaration en quatre pages à mon objet. M'en défiez-vous?

MISS JACKSON

Oh! miss Julia! est-il possible! Comment vous n'aimez plus M. Louis de Saqueville? qui donc?

JULIE

Qui donc! qui donc! c'est bien difficile à deviner. Allez vous faire la bête maintenant? Voyons, essayez de dire que l'oncle ne vaut pas mieux que le neveu. Essayez, pour voir, et je vous arrache les yeux... Dites, si vous l'osez, du mal de l'oncle. (*Elle la pince et lui tire les cheveux.*)

MISS JACKSON

Oh! miss Julia, vous me faites mal avec vos *oncles*.

JULIE

Ah! très joli!... très joli!... Miss Jackson a fait un calembour!... que je vous embrasse pour la peine, miss Jackson. C'est très fort pour une insulaire, dans un âge si tendre... Mais d'abord je voudrais bien savoir ce que vous pourriez dire contre mon choix...

MISS JACKSON

Premièrement, vous êtes engagée.

JULIE

Secondement, je me dégage.

MISS JACKSON

Et puis, il a quarante-cinq ans.

JULIE

Il n'en paraît pas plus de quarante-quatre et demi. Je les aime comme cela. Après?... Il a une belle moustache que je lui ferai mettre en papillote, et il a les cheveux encore très noirs... couleur solide.

MISS JACKSON

Mais bientôt il deviendra gris.

JULIE

Bientôt! Bientôt n'arrive jamais. Dans je ne sais combien de temps, il sera gris, l'année prochaine... après la saison... au moment de partir pour les eaux; qu'importe?... Nous allons à Alger. Il va être général. Grande entrée triomphale... on me donne des écharpes brodées, des chevaux arabes, des bracelets, et vous, je vous marie à un cheik.

MISS JACKSON

Un cheik !

JULIE

Oui, un cheik, et, si vous dites quelque chose, à un marabout ! (*Lui présentant un châle.*) Mettez-moi cela en turban. (*Pendant que miss Jackson la coiffe.*) Puis viendra le moment d'entrer en campagne... Alors quelle séparation déchirante ! J'attends les bulletins avec une impatience anxieuse, comme dit M. Sévin. Vous me lirez le *Moniteur*... Je serai couchée sur un divan, dans un petit salon tendu en satin blanc à fleurs, avec une bordure en versets du Coran. Là, je ne reçois pas un ennuyeux. Ma mère laissera son Sévin à la porte avec les parapluies... Arrangez donc mieux mon turban, un peu plus de côté... crânement, comme dit Marie de Roseville.

MISS JACKSON

Et puis un bulletin viendra, et on lira : « Le général a été tué. »

JULIE

Ah ! bah ! Comment voulez-vous que cela arrive ! J'ai vraiment bon air avec ce turban. Est-ce qu'on est jamais veuve à vingt ans ? Mais regardez-moi donc, et dites-moi si je n'étais pas née pour être la femme d'un pacha ou d'un général algérien !... En vérité, je ne veux plus porter que des turbans !

MISS JACKSON

Oh ! miss Julia ! C'est l'heure où M. Louis de Saqueville vient. Otez cela.

JULIE

Oh ! miss Jackson !... Et si l'oncle allait venir sur son grand cheval de bataille ! Ma foi ! je saute en croupe et je galope avec lui ! Au désert ! au désert ! J'entends quelqu'un.

MISS JACKSON, *regardant dehors.*

Oh ! miss Julia ! Eh mais, c'est lui-même ! pour l'amour du ciel, ôtez ce turban ! Mon Dieu que pensera-t-il ?

Le colonel entre.

SCÈNE NEUVIÈME

Les mêmes, le colonel.

JULIE, *allant à lui, et le saluant comiquement.*

Salamaleck !

LE COLONEL

Aleïkouum-Salam ! Vous êtes charmante en ce costume ! Madame votre mère n'est pas là ?

JULIE

Vous voyez.

LE COLONEL

Elle ressemble à la Providence, montrant le bienfait et cachant la bienfaitrice. Elle m'a fait porter chez M. Sévin de quoi sauver dix noyés, et quand je la cherche... Mais où est-elle ?

JULIE

Elle est dans sa chambre, qui corrige une épreuve avec M. Sévin. Résignez vous, vous m'appartenez.

LE COLONEL

Je me résigne sans difficulté, car je viens surtout pour vous voir et pour vous parler... mais que faisiez-vous donc? Vous jouiez des charades avec miss Jackson?

JULIE

Demandez-lui ce que nous faisions et ce que nous disions.

MISS JACKSON, bas.

For shame!

LE COLONEL

Je crains d'arriver en trouble-fête. Il faut pourtant que vous m'accordiez cinq minutes d'audience, car j'ai à vous parler... et très sérieusement.

JULIE

En effet, je vous trouve la mine que vous devez avoir un jour de razzia. Miss Jackson, faites-moi l'amitié d'aller à votre place et de broder cela lestement... Prenez un siége, Cinna.

LE COLONEL

Je regrette d'être si vieux, quand je vois la gaieté de votre âge. Dites-moi, vous avez vu Louis, hier?

JULIE, avec distraction.

Si je l'ai vu hier... attendez...

LE COLONEL

Comment! vous ne savez pas?

JULIE

Ah! oui... je me rappelle... il avait son cheval bai qui porte si mal les oreilles.

LE COLONEL

De quoi avez-vous parlé?

JULIE

Mais c'est donc un interrogatoire en forme?

LE COLONEL

Vous avez causé ensemble?

JULIE

Probablement. Mais de quoi?... Je l'ai oublié... Ah! d'élections, sans doute.

LE COLONEL

Il a tort d'en parler à d'autres qu'à ses électeurs; mais je crains que vous ne l'ayez peut-être un peu querellé.

JULIE

Moi, le quereller! oh! mon Dieu, non. Une querelle avec lui! Je n'aurai jamais de querelles qu'avec une personne... pour qui... tenez, j'en aurais peut-être avec vous...

LE COLONEL

Oh! j'espère bien ne jamais mériter votre courroux.

Ecoutez-moi, ma chère enfant... Vous me permettez de vous appeler ainsi?... Nous autres hommes, nous accusons les femmes d'exigence et de susceptibilité... et nous sommes cent fois plus exigeants et susceptibles qu'elles. C'est que pour un homme, c'est une peine... bien cruelle, voyez-vous... d'aimer, de nourrir une affection que nous sentons n'être pas partagée... il n'y a pas au monde de plus grand malheur. Vous traitez mal mon pauvre Louis.

JULIE

Comment cela?

LE COLONEL

Je m'en aperçois moi même... Vous n'avez pas pour lui...

JULIE

Que faut-il donc que j'aie?

LE COLONEL

Tout ceci est bien délicat à dire... mais vous excuserez l'indiscrétion d'un homme qui a vécu si longtemps parmi les sauvages... Vous ne paraissez pas avoir pour lui l'affection à laquelle peut prétendre la personne qui vous est destinée.

JULIE

Il trouve que je manque d'affection?

LE COLONEL

Il s'en désole et s'en irrite, au lieu de chercher à la gagner cette affection... Voyons, ma chère Julie... parlez-moi à cœur ouvert... A mon âge, vous pouvez me dire bien des choses... Quoique vieux, j'aime la jeunesse... Eh bien, que vous n'aimiez pas Louis... cela peut tenir à deux causes... Ou vous n'aimez encore personne... c'est cela, sans doute... vous êtes si jeune... et votre éducation...

JULIE

En effet on nous défendait cela au couvent... et de nous manger les ongles.

LE COLONEL

Vous dites cela singulièrement... Regardez-moi : je suis un peu physionomiste... Au travers de ce joli sourire, je vois une petite moue qui m'effraie... Après tout, un attachement ne se commande pas... Vous avez peut-être cru trouver ailleurs ce qui manque à Louis.. cette vivacité expansive, cet enthousiasme qu'à votre âge on croit la preuve d'une affection véritable... (*Elle fait un signe de tête affirmatif.*) Je le craignais! Ecoutez-moi, vous êtes bien jeune, bien jolie... sans expérience... Voilà de grandes chances pour mal placer son affection; mais n'avez-vous pas près de vous une bonne mère qui vous aime, qui ne vit que pour vous!

JULIE

C'est ma meilleure amie.

LE COLONEL

C'est elle que vous devez consulter.

JULIE

C'est qu'elle corrige ses épreuves.

LE COLONEL, après un silence.

Ah!... ainsi vous aimez... Et, ce n'est pas le pauvre Louis que... Je ne vous en parlerai plus... Je ne pense maintenant qu'à vous seule... Au moins, celui que vous aimez, êtes-vous sûre qu'il soit digne de vous?

JULIE, avec force.

Oui!...

LE COLONEL

On croit toujours ce qu'on désire. Regardez dans votre glace cette jolie tête rose et blanche... Demandez-vous si tant de grâce... si ce petit cœur si noble, doivent appartenir à un fat!

JULIE

Non, jamais!

LE COLONEL

Votre accent me rassure. Je crois qu'il est digne de vous... Votre mère sait-elle que vous l'aimez?

JULIE

Non! elle corrige...

LE COLONEL

Ah! laissez cette plaisanterie... Nous parlons, hélas! du bonheur ou du malheur de toute votre vie, ma chère enfant. Je tremble, quand je pense qu'un homme peut ensorceler une pauvre jeune fille, parce qu'il danse bien.

JULIE, gaiement.

Oh! pour cela, je parie qu'il danse fort mal.

LE COLONEL

Tant mieux, si c'est d'après des qualités plus recommandables que vous le jugez; mais pourquoi ne parle-t-il pas à madame votre mère?

JULIE

Ah! c'est que je ne sais pas trop s'il pense à moi.

LE COLONEL

S'il pense à vous?... Ah! Julie! Julie!... Voilà un roman comme on en fait à vingt ans. Vous aimez un inconnu qui vous aura sauvée de quelque danger au clair de la lune.

JULIE

Peut-être!

LE COLONEL

Folies, mon enfant, déplorables folies! La contredanse valait mille fois mieux... Comment! il ne sait pas que vous l'aimez? Mais c'est donc un imbécile?

JULIE, riant

Oui... ou bien peut-être il ne se rend pas justice.

LE COLONEL

Vous n'avez pas le sens commun, ma pauvre enfant; mais vous voilà toute sérieuse, vous changez de couleur; est-ce une larme que je vois dans ces grands yeux?...

Pauvre jeunesse! pauvre jeunesse! Que de chagrins elle se prépare avec un seul moment d'étourderie... Enfin, ce bel inconnu...

MISS JACKSON, se levant avec inquiétude.

Miss Julia, Mme la marquise doit avoir fini. Je vais la prévenir que le colonel est ici...

JULIE

Non, je vais la prévenir moi-même... Dites-moi, colonel, en Algérie... les femmes sont voilées, c'est comme si les hommes étaient aveugles... Comment une femme s'y prend-elle pour faire une déclaration?

LE COLONEL

Mais vous pensez bien que je n'en ai guère reçu.

JULIE

Mais d'autres plus heureux que vous... moins humblés...

LE COLONEL

Vous me rappelez une assez ridicule histoire... J'entrais à Tlemcen, j'avais à côté de moi mon adjudant-major, brave officier, beau comme un ange. Dans la grande rue, une femme voilée prend la bride de son cheval et lui jette un bouquet dans le pli de son burnous...
(Julie lui jette son bouquet et sort en se cachant la figure.

LE COLONEL

Ah! (*A miss Jackson*.) Mademoiselle, veuillez dire à Mme la marquise que je repars pour l'Afrique.
(Il sort par le fond en tournant à droite. M. Sévin paraît du côté gauche et suit des yeux le colonel qui s'éloigne.)

SCÈNE DIXIÈME

Miss Jackson, M. Sévin.

MISS JACKSON, sur le devant de la scène, toute éperdue.

Good heavens... I have... jamais...

M. SÉVIN

Eh! qu'a donc le colonel, pour sortir ainsi tout éperdu, sans voir personne?

MISS JACKSON

Oh! mister Sévin!... si vous!... If you... I don't know... quand je pense... oh! My lord... une jeune fille!

M. SÉVIN, riant.

Hé, bon Dieu!... Miss Jackson, qu'avez-vous donc aussi?... vous parlez anglais et français...

MISS JACKSON

Oh! silence!... Mme la marquise!

SCÈNE ONZIÈME

Les mêmes, la marquise.

(Elle entre par le côté opposé à celui où est sortie Julie. Elle est coiffée en cheveux avec des rubans et porte une toilette élégante.)

LA MARQUISE, à Sévin.

Mon cher monsieur Sévin, veuillez rejoindre le colonel et lui dire que je veux absolument lui parler avant son départ.

M. SÉVIN

J'y cours, madame la marquise. (*Il sort.*)

LA MARQUISE

Miss Jackson, si vous trouvez Julie, veuillez me l'envoyer.

MISS JACKSON

Yes, madame la marquise. (*Elle sort.*)

SCÈNE DOUZIÈME

LA MARQUISE, seule, elle va à l'endroit où la fleur jetée par Julie est tombée, la ramasse et, après un moment de silence :

L'aime-t-elle? Est-ce une simple gaieté de cette folle tête?... Les jeunes filles sont si enfants!... celle-là surtout! Est-ce explosion subite de son âme? Il y a tant de mystères dans les cœurs de vingt ans!... Lui jeter cette fleur comme dénoûment à son récit... Et lui! lui! ne pas même la ramasser... et s'enfuir?... s'enfuir? Pourquoi? Est-ce elle qu'il fuit? Pourquoi?... Est-ce moi qu'il redoute? Mille sentiments se combattent en moi! La jalousie d'abord... oui, je suis jalouse qu'elle l'aime! La joie! Je suis heureuse qu'il ait dédaigné cette fleur! La douleur maternelle!... Si cette enfant souffre, si elle doit souffrir... Pas de bonheur possible pour moi! m'aimât-il encore, lui!... Si elle l'aime... je ne peux pas lui donner pour beau-père celui qu'elle aime!... oh! à tout prix, il faut sortir de cette anxiété!...La voici!...Interrogeons-la!

SCÈNE TREIZIÈME

La marquise, Julie.

JULIE, entrant gaiement.

Vous me demandez, mère! (*Apercevant la toilette de sa mère.*) Oh! que vous êtes jolie ainsi!

LA MARQUISE, vivement.

Tu trouves?

JULIE

A la bonne heure, voilà comme je vous aime!... vous êtes plus jeune de dix ans!... oh! les beaux cheveux!

LA MARQUISE, émue.

Vraiment?

JULIE

Oh! mais!... un moment!... si vous continuez ainsi... vous allez être plus jolie que nous toutes... Je vous défends... (*Apercevant aux mains de la marquise sa fleur, à part, avec un geste de trouble.*) Ma fleur!

LA MARQUISE

Qu'as-tu donc? Tu sembles troublée...

JULIE

Moi!

LA MARQUISE

Oui... on dirait que c'est la vue de cette fleur...

JULIE

De cette fleur!

LA MARQUISE

Oui!... ne te semble-t-elle pas très jolie?

JULIE

Certainement... très jolie!... Dites-moi donc, mère?... Est-ce que le colonel n'était pas ici?..

LA MARQUISE

Quand je suis entrée?... En effet...

JULIE

Ah!... vous a-t-il parlé?

LA MARQUISE

Parlé... de quoi?...

JULIE

Que sais-je! de son neveu... peut-être? c'est lui qui vous a donné cette fleur?...

LA MARQUISE

Non! Je l'ai trouvée là... par terre...

JULIE, vivement.

Par terre!... (*A part.*) Il ne l'a même pas ramassée!

LA MARQUISE

Ah! çà, mais qu'as-tu donc avec cette fleur? Elle t'intéresse donc beaucoup?

JULIE, éclatant de rire.

Ha! ha! ha! Tout est possible!... Les hommes sont si fats!

LA MARQUISE

Que veux-tu dire?

JULIE

Que je vois bien que vous savez tout!... Le colonel vous a tout conté... et à votre air sévère... à votre physionomie de mère grondeuse... je vois bien que vous croyez que votre fille... (*Riant de nouveau.*) Est-ce qu'il n'a pas compris, par hasard?...

LA MARQUISE

Compris? quoi?

JULIE

Que je faisais de la couleur locale... que je jouais une comédie algérienne?

LA MARQUISE

Mais!

JULIE, riant plus fort.

Est-ce qu'il aurait pris mon bouquet jeté pour une déclaration?... ha! ha! Je le voudrais bien... ha! ha! ha!... (*S'interrompant tout à coup de rire.*) Eh bien, au fait... je ne suis pas née pour mentir!... Je le lui ai jeté parce que je l'aime...

LA MARQUISE

Tu l'aimes!

JULIE

Oui!

LA MARQUISE

A son âge !...

JULIE

Les héros n'ont pas d'âge !

LA MARQUISE

Un homme que tu ne connaissais pas hier !

JULIE

Il y a des âmes qu'on connaît en une heure, comme il y en a qu'on ne connaît pas en dix ans !

LA MARQUISE

Tu es folle !

JULIE

Folle !... folle !... de tête ? soit ; d'imagination ?... oui... mais de cœur ? non ! car ce cœur, je le tiens de vous, et il est ferme et sérieux comme le vôtre. (*Mouvement de la marquise.*) Ce langage vous étonne dans ma bouche... il m'étonne moi-même !... il me semble que tout ce que je vous dis naît en mon âme à mesure que je l'exprime... Et pourtant... c'est mon âme même !... oui, dans cette petite fille fantasque, capricieuse, extravagante, il y a une femme !

LA MARQUISE

Une femme qui prétend aimer un inconnu.

JULIE

Je le connais depuis plus de trois ans, car voilà trois ans que je l'attends...

LA MARQUISE

Tu l'attends !

JULIE

Oui, je l'ai pressenti... deviné, au dédain irrité que m'inspirent tous les jeunes gens qui nous entourent !... Si vous saviez quelle colère sourde j'éprouve à la vue de ces petits porte-cigares si bien pommadés, de ces petites moustaches si bien cirées, de ces petites mains si bien gantées, et de ces petits cœurs si mal placés !... Votre Sévin si hypocrite !... M. Louis de Saqueville si peureux !... Vous n'étiez pas là tout à l'heure avec nous dans ce bateau !... si vous l'aviez vu... tout blême, se cramponnant ridiculement aux bords de cette barque, se laissant faire peur par une petite fille, osant avoir peur près de la femme qu'il aime !... mais lui ! lui ! voilà un cœur ! Je ne parle pas de son courage... ce n'est pas du courage pour lui que de se jeter à la nage pour sauver une femme !... mais avec quelle présence d'esprit il a sauté hors du bateau pour le relever ! avec quelle grâce énergique et souple il poussait cette frêle embarcation au rivage ! Et tout à l'heure... là... en me parlant de son neveu, quel regard affectueux et bon ! Comme cette voix, habituée au commandement, savait se faire douce et tendre... je me trompe, s'adoucissait naturellement pour parler à une jeune fille... Il avait presque des larmes dans les yeux !... Je suis sûre qu'il a aimé ! ce que j'appelle aimé ! Je suis même sûre qu'il a souffert ! oui !... je sentais en lui je ne sais quelle tristesse cachée, quel souvenir douloureux qui m'attache encore à lui ! (*Avec tendresse.*) Il doit être si doux de consoler un grand cœur !... Et je crois que je le consolerais si bien !... Je vois clair en moi-même, ô ma mère !... Mon premier besoin est d'être fière de l'homme dont je prendrai le nom ! Il faut que je ne puisse pas prononcer ce nom sans respect ! Il faut que, quand mon mari sera absent, je puisse penser à ce qu'il a fait de bien et de beau ! Il faut que, quand je sortirai avec lui, je voie les regards me suivre avec envie... Je suis orgueilleuse ! je ne puis épouser qu'un homme supérieur... de quel droit, et à quel titre, je ne le sais, mais je ne peux pas aimer moins !...

LA MARQUISE, apres un silence.

Mais si... lui... il ne t'aimait pas ?

JULIE

C'est impossible !...

LA MARQUISE

Impossible !... et ce bouquet... qu'il n'a pas même ramassé !

JULIE, suffoquée de douleur.

Ce bouquet ? mon bouquet !... oh !... malheureuse !... J'avais tout oublié ! (*Avec énergie.*) Eh bien, je veux le savoir ! ce bouquet laissé... ne dit peut-être rien !.,. un fat s'en fût vanté, un sot en aurait ri !... un honnête homme peut feindre de n'avoir pas compris ! Je suis plus jeune que lui, plus riche que lui... ce dédain apparent n'est peut-être que de la délicatesse... en tous cas, dédain ou réserve, je veux le savoir !... Je veux que vous lui offriez ma main de ma part... et s'il la refuse, je sais ce qu'il me reste à faire !... (*La marquise sonne.*) Que faites-vous ?

(Une femme de chambre paraît.)

LA MARQUISE

Veuillez me donner mon bonnet et mon mantelet que j'ai laissés là... dans ma chambre.

JULIE

Comment, mère, vous allez remettre ce bonnet que je déteste !

LA MARQUISE, souriant.

Oui ! Oh ! l'on veut en vain échapper à son âge ! En t'écoutant... l'émotion... le trouble... je sens le froid qui me gagne.

(La femme de chambre rentre. La marquise met son bonnet et s'enveloppe de son manteau. A ce moment le colonel rentre.)

SCÈNE QUATORZIÈME

La Marquise, le Colonel, Julie.

JULIE, à sa mère.

Lui !...

LA MARQUISE, au colonel.

Merci d'être venu, colonel!
(Le colonel en la revoyant fait un geste de surprise.)

LA MARQUISE, souriant.

Allons, je vois avec plaisir que vous n'êtes pas changé... toujours la même franchise !

LE COLONEL

Comment, madame !

LA MARQUISE

Oui !.., en me revoyant... vous n'avez pu retenir un geste, un regard... de surprise... de me trouver si... si vieillie...

LE COLONEL

Moi! madame !

LA MARQUISE, se retournant vers sa fille, et la montrant.

Heureusement... me voilà... à vingt ans... telle que vous m'avez connue! Elle me ressemble... n'est-ce pas ?

LE COLONEL

En effet !...

LA MARQUISE, lui tendant la fleur.

Prouvez-le moi !... en recevant cette fleur de ma main!

LE COLONEL

Comment, madame !...

LA MARQUISE

Merci !

JULIE, se précipitant sur la main de sa mère.

Ma mère !...

LA MARQUISE, la regardant.

Pauvre enfant !... quelle joie !... allons !... c'est moins dur que je ne croyais.

La toile tombe.

Paris. Charles Schiller. Imprimeur breveté, 10, faub. Montmartre.

www.ingramcontent.com/pod-product-compliance
Lightning Source LLC
Chambersburg PA
CBHW060453050426
42451CB00014B/3299